Date _____   **Caster** _____

Name of Ritual or Spell _____

Purpose _____

Participants   **Deities Invoked**

Waxing   Full Moon   Waning

Description	Ingredients and Equipment

Immediate feelings and effects	

Follow Up

Manifestation Date _____

Results _____

Date _____   **Caster** _____

Name of Ritual or Spell _____

Purpose _____

Participants   **Deities Invoked**

| Waxing   Full Moon   Waning |

| Description | Ingredients and Equipment |

| Immediate feelings and effects |

Follow Up

Manifestation Date _____

Results _____

Date _____ **Caster** _____

Name of Ritual or Spell _____

Purpose _____

Participants **Deities Invoked**

Waxing Full Moon Waning

Description	Ingredients and Equipment

Immediate feelings and effects	

Follow Up

Manifestation Date _____

Results _____

Date _____   **Caster** _____

Name of Ritual or Spell _____

Purpose _____

Participants   **Deities Invoked**

| Waxing | Full Moon | Waning |

Description

Ingredients and Equipment

Immediate feelings and effects

Follow Up

Manifestation Date _____

Results _____

Date _____ **Caster** _____

Name of Ritual or Spell _____

Purpose _____

Participants **Deities Invoked**

Waxing	Full Moon	Waning

Description

Ingredients and Equipment

Immediate feelings and effects

Follow Up

Manifestation Date _____

Results _____

Date _____   **Caster** _____

Name of Ritual or Spell _____

Purpose _____

Participants   **Deities Invoked**

| Waxing | Full Moon | Waning |

| Description | Ingredients and Equipment |

| Immediate feelings and effects | |

Follow Up

Manifestation Date _____

Results _____

Date _____   **Caster** _____

Name of Ritual or Spell _____

Purpose _____

Participants   **Deities Invoked**

| Waxing | | | Full Moon | | | Waning |

Description

Ingredients and Equipment

Immediate feelings and effects

Follow Up

Manifestation Date _____

Results _____

Date _____   **Caster** _____

Name of Ritual or Spell _____

Purpose _____

Participants　　　　　　　　　　**Deities Invoked**

| Waxing | Full Moon | Waning |

| Description | Ingredients and Equipment |

| Immediate feelings and effects | |

Follow Up

Manifestation Date _____

Results _____

Date _____   **Caster** _____

Name of Ritual or Spell _____

Purpose _____

Participants   **Deities Invoked**

Waxing   Full Moon   Waning

Description

Ingredients and Equipment

Immediate feelings and effects

Follow Up

Manifestation Date _____

Results _____

Date _____   **Caster** _____

Name of Ritual or Spell _____

Purpose _____

Participants   **Deities Invoked**

Waxing	Full Moon	Waning

Description

Ingredients and Equipment

Immediate feelings and effects

Follow Up

Manifestation Date _____

Results _____

Date _____ **Caster** _____

Name of Ritual or Spell _____

Purpose _____

Participants **Deities Invoked**

Waxing Full Moon Waning

Description	Ingredients and Equipment

Immediate feelings and effects

Follow Up

Manifestation Date _____

Results _____

Date _____ **Caster** _____

Name of Ritual or Spell _____

Purpose _____

Participants **Deities Invoked**

Waxing   Full Moon   Waning

Description

Ingredients and Equipment

Immediate feelings and effects

Follow Up

Manifestation Date _____

Results _____

Date _____   **Caster** _____

Name of Ritual or Spell _____

Purpose _____

Participants   **Deities Invoked**

Waxing   Full Moon   Waning

Description	Ingredients and Equipment

Immediate feelings and effects

Follow Up

Manifestation Date _____

Results _____

Date _____   **Caster** _____

Name of Ritual or Spell _____

Purpose _____

Participants   **Deities Invoked**

| Waxing | Full Moon | Waning |

Description

Ingredients and Equipment

Immediate feelings and effects

Follow Up

Manifestation Date _____

Results _____

Date _____   **Caster** _____

Name of Ritual or Spell _____

Purpose _____

Participants   **Deities Invoked**

| Waxing | Full Moon | Waning |

Description

Ingredients and Equipment

Immediate feelings and effects

Follow Up

Manifestation Date _____

Results _____

Date _____   **Caster** _____

Name of Ritual or Spell _____

Purpose _____

Participants   **Deities Invoked**

Waxing   Full Moon   Waning

Description	Ingredients and Equipment

Immediate feelings and effects

Follow Up

Manifestation Date _____

Results _____

Date _____   **Caster** _____

Name of Ritual or Spell _____

Purpose _____

Participants   **Deities Invoked**

Waxing   Full Moon   Waning

Description

Ingredients and Equipment

Immediate feelings and effects

Follow Up

Manifestation Date _____

Results _____

Date

Caster

Name of Ritual or Spell

Purpose

Participants

Deities Invoked

Waxing   Full Moon   Waning

Description

Ingredients and Equipment

Immediate feelings and effects

Follow Up

Manifestation Date

Results

Date

Caster

Name of Ritual or Spell

Purpose

Participants   **Deities Invoked**

Waxing   Full Moon   Waning

Description

Ingredients and Equipment

Immediate feelings and effects

Follow Up

Manifestation Date

Results

Date _____ **Caster** _____

Name of Ritual or Spell _____

Purpose _____

Participants   **Deities Invoked**

| Waxing | | | Full Moon | | | Waning |

| Description | | Ingredients and Equipment |

| Immediate feelings and effects | | |

Follow Up

Manifestation Date _____

Results _____

Date _____   **Caster** _____

Name of Ritual or Spell _____

Purpose _____

Participants   **Deities Invoked**

Waxing   Full Moon   Waning

Description	Ingredients and Equipment

Immediate feelings and effects

Follow Up

Manifestation Date _____

Results _____

Date _____ **Caster** _____

Name of Ritual or Spell _____

Purpose _____

Participants   **Deities Invoked**

| Waxing | Full Moon | Waning |

| Description | | Ingredients and Equipment |

| Immediate feelings and effects | | |

Follow Up

Manifestation Date _____

Results _____

Date _____   **Caster** _____

Name of Ritual or Spell _____

Purpose _____

Participants   **Deities Invoked**

| Waxing | Full Moon | Waning |

Description		Ingredients and Equipment

Immediate feelings and effects

Follow Up

Manifestation Date _____

Results _____

Date _____   **Caster** _____

Name of Ritual or Spell _____

Purpose _____

Participants   **Deities Invoked**

Waxing   Full Moon   Waning

Description

Ingredients and Equipment

Immediate feelings and effects

Follow Up

Manifestation Date _____

Results _____

Date _____   **Caster** _____

Name of Ritual or Spell _____

Purpose _____

Participants   **Deities Invoked**

Waxing   Full Moon   Waning

Description	Ingredients and Equipment

Immediate feelings and effects	

Follow Up

Manifestation Date _____

Results _____

Date _____   **Caster** _____

Name of Ritual or Spell _____

Purpose _____

Participants   **Deities Invoked**

Waxing   Full Moon   Waning

Description	Ingredients and Equipment

Immediate feelings and effects

Follow Up

Manifestation Date _____

Results _____

Date _____   **Caster** _____

Name of Ritual or Spell _____

Purpose _____

Participants   **Deities Invoked**

Waxing   Full Moon   Waning

Description	Ingredients and Equipment

Immediate feelings and effects

Follow Up

Manifestation Date _____

Results _____

Date _____   **Caster** _____

Name of Ritual or Spell _____

Purpose _____

Participants   **Deities Invoked**

| Waxing | Full Moon | Waning |

| Description | | Ingredients and Equipment |

| Immediate feelings and effects |

Follow Up

Manifestation Date _____

Results _____

Date _____   **Caster** _____

Name of Ritual or Spell _____

Purpose _____

Participants   **Deities Invoked**

| Waxing | Full Moon | Waning |

| Description | Ingredients and Equipment |

| Immediate feelings and effects |

Follow Up

Manifestation Date _____

Results _____

Date

Caster

Name of Ritual or Spell

Purpose

Participants

Deities Invoked

Waxing   Full Moon   Waning

Description

Ingredients and Equipment

Immediate feelings and effects

Follow Up

Manifestation Date

Results

Date _____   **Caster** _____

Name of Ritual or Spell _____

Purpose _____

Participants　　　　　　　　　　**Deities Invoked**

　　　　Waxing　　　　　　　　Full Moon　　　　　　　　Waning

Description	Ingredients and Equipment

Immediate feelings and effects

Follow Up

Manifestation Date _____

Results _____

Date _____   **Caster** _____

Name of Ritual or Spell _____

Purpose _____

Participants   **Deities Invoked**

Waxing   Full Moon   Waning

| Description | Ingredients and Equipment |

| Immediate feelings and effects | |

Follow Up

Manifestation Date _____

Results _____

Date _____   **Caster** _____

Name of Ritual or Spell _____

Purpose _____

Participants   **Deities Invoked**

Waxing   Full Moon   Waning

Description

Ingredients and Equipment

Immediate feelings and effects

Follow Up

Manifestation Date _____

Results _____

Date _____ **Caster** _____

Name of Ritual or Spell _____

Purpose _____

Participants **Deities Invoked**

Waxing	Full Moon	Waning

Description

Ingredients and Equipment

Immediate feelings and effects

Follow Up

Manifestation Date _____

Results _____

Date

Caster

Name of Ritual or Spell

Purpose

Participants

Deities Invoked

Waxing　　　　　Full Moon　　　　　Waning

Description

Ingredients and Equipment

Immediate feelings and effects

Follow Up

Manifestation Date

Results

Date _____ **Caster** _____

Name of Ritual or Spell _____

Purpose _____

Participants **Deities Invoked**

Waxing Full Moon Waning

Description

Ingredients and Equipment

Immediate feelings and effects

Follow Up

Manifestation Date _____

Results _____

Date

Caster

Name of Ritual or Spell

Purpose

Participants　　　　　　　　**Deities Invoked**

Waxing　　　　　　　Full Moon　　　　　　　Waning

Description

Ingredients and Equipment

Immediate feelings and effects

Follow Up

Manifestation Date

Results

Date _____   **Caster** _____

Name of Ritual or Spell _____

Purpose _____

Participants   **Deities Invoked**

Waxing   Full Moon   Waning

Description

Ingredients and Equipment

Immediate feelings and effects

Follow Up

Manifestation Date _____

Results _____

Date _____   **Caster** _____

Name of Ritual or Spell _____

Purpose _____

Participants   **Deities Invoked**

Waxing   Full Moon   Waning

Description

Ingredients and Equipment

Immediate feelings and effects

Follow Up

Manifestation Date _____

Results _____

Date _____   **Caster** _____

Name of Ritual or Spell _____

Purpose _____

Participants   **Deities Invoked**

| Waxing | Full Moon | Waning |

| Description | | Ingredients and Equipment |

| Immediate feelings and effects |

Follow Up

Manifestation Date _____

Results _____

Date _____   **Caster** _____

Name of Ritual or Spell _____

Purpose _____

Participants　　　　　　　　　　**Deities Invoked**

Waxing	Full Moon	Waning

Description	Ingredients and Equipment

Immediate feelings and effects

Follow Up

Manifestation Date _____

Results _____

Date

Caster

Name of Ritual or Spell

Purpose

Participants

Deities Invoked

| Waxing | Full Moon | Waning |

Description

Ingredients and Equipment

Immediate feelings and effects

Follow Up

Manifestation Date

Results

Date _____   **Caster** _____

Name of Ritual or Spell _____

Purpose _____

Participants　　　　　　　　　**Deities Invoked**

　　　Waxing　　　　　　　Full Moon　　　　　　　Waning

Description

Ingredients and Equipment

Immediate feelings and effects

Follow Up

Manifestation Date _____

Results _____

Date _____   **Caster** _____

Name of Ritual or Spell _____

Purpose _____

Participants   **Deities Invoked**

| Waxing | Full Moon | Waning |

| Description | Ingredients and Equipment |

| Immediate feelings and effects |

Follow Up

Manifestation Date _____

Results _____

Date _____ **Caster** _____

Name of Ritual or Spell _____

Purpose _____

Participants **Deities Invoked**

Waxing Full Moon Waning

Description

Ingredients and Equipment

Immediate feelings and effects

Follow Up

Manifestation Date _____

Results _____

Date _____   **Caster** _____

Name of Ritual or Spell _____

Purpose _____

Participants   **Deities Invoked**

Waxing   Full Moon   Waning

Description

Ingredients and Equipment

Immediate feelings and effects

Follow Up

Manifestation Date _____

Results _____

Date _____   **Caster** _____

Name of Ritual or Spell _____

Purpose _____

Participants   **Deities Invoked**

Waxing   Full Moon   Waning

Description

Ingredients and Equipment

Immediate feelings and effects

Follow Up

Manifestation Date _____

Results _____

Date _____   **Caster** _____

Name of Ritual or Spell _____

Purpose _____

Participants   **Deities Invoked**

Waxing   Full Moon   Waning

Description	Ingredients and Equipment

Immediate feelings and effects

Follow Up

Manifestation Date _____

Results _____

Date

Caster

Name of Ritual or Spell

Purpose

Participants

Deities Invoked

Waxing　　　　　　　　Full Moon　　　　　　　　Waning

Description

Ingredients and Equipment

Immediate feelings and effects

Follow Up

Manifestation Date

Results

Date _____   **Caster** _____

Name of Ritual or Spell _____

Purpose _____

Participants   **Deities Invoked**

| Waxing | | Full Moon | | Waning |

Description	Ingredients and Equipment

Immediate feelings and effects

Follow Up

Manifestation Date _____

Results _____

Date

Caster

Name of Ritual or Spell

Purpose

Participants

Deities Invoked

Waxing   Full Moon   Waning

Description

Ingredients and Equipment

Immediate feelings and effects

Follow Up

Manifestation Date

Results

Date _____ **Caster** _____

Name of Ritual or Spell _____

Purpose _____

Participants **Deities Invoked**

Waxing Full Moon Waning

Description

Ingredients and Equipment

Immediate feelings and effects

Follow Up

Manifestation Date _____

Results _____

Date _____   **Caster** _____

Name of Ritual or Spell _____

Purpose _____

Participants   **Deities Invoked**

| Waxing | Full Moon | Waning |

| Description | Ingredients and Equipment |

| Immediate feelings and effects | |

Follow Up

Manifestation Date _____

Results _____

Date _____   **Caster** _____

Name of Ritual or Spell _____

Purpose _____

Participants   **Deities Invoked**

| Waxing | Full Moon | Waning |

| Description | Ingredients and Equipment |

| Immediate feelings and effects |

Follow Up

Manifestation Date _____

Results _____

Date

Caster

Name of Ritual or Spell

Purpose

Participants

Deities Invoked

Waxing · Full Moon · Waning

Description

Ingredients and Equipment

Immediate feelings and effects

Follow Up

Manifestation Date

Results

Date _____   **Caster** _____

Name of Ritual or Spell _____

Purpose _____

Participants   **Deities Invoked**

| Waxing | Full Moon | Waning |

| Description | Ingredients and Equipment |

| Immediate feelings and effects |

Follow Up

Manifestation Date _____

Results _____

Date _____   **Caster** _____

Name of Ritual or Spell _____

Purpose _____

Participants   **Deities Invoked**

| Waxing | | | Full Moon | | | Waning |

| Description | | Ingredients and Equipment |

| Immediate feelings and effects |

Follow Up

Manifestation Date _____

Results _____

Date _____   **Caster** _____

Name of Ritual or Spell _____

Purpose _____

Participants   **Deities Invoked**

| Waxing | Full Moon | Waning |

| Description | Ingredients and Equipment |

| Immediate feelings and effects |

Follow Up

Manifestation Date _____

Results _____

Date _____   **Caster** _____

Name of Ritual or Spell _____

Purpose _____

Participants   **Deities Invoked**

| Waxing | Full Moon | Waning |

| Description | Ingredients and Equipment |

| Immediate feelings and effects |

Follow Up

Manifestation Date _____

Results _____

Date **Caster**

Name of Ritual or Spell

Purpose

Participants **Deities Invoked**

Waxing Full Moon Waning

Description

Ingredients and Equipment

Immediate feelings and effects

Follow Up

Manifestation Date

Results

Date

Caster

Name of Ritual or Spell

Purpose

Participants

Deities Invoked

Waxing   Full Moon   Waning

Description

Ingredients and Equipment

Immediate feelings and effects

Follow Up

Manifestation Date

Results

Date _____   **Caster** _____

Name of Ritual or Spell _____

Purpose _____

Participants   **Deities Invoked**

Waxing   Full Moon   Waning

Description	Ingredients and Equipment

Immediate feelings and effects

Follow Up

Manifestation Date _____

Results _____

Date

Caster

Name of Ritual or Spell

Purpose

Participants

Deities Invoked

Waxing   Full Moon   Waning

Description

Ingredients and Equipment

Immediate feelings and effects

Follow Up

Manifestation Date

Results

Date _____   **Caster** _____

Name of Ritual or Spell _____

Purpose _____

Participants   **Deities Invoked**

Waxing   Full Moon   Waning

Description	Ingredients and Equipment

Immediate feelings and effects

Follow Up

Manifestation Date _____

Results _____

Date _____   **Caster** _____

Name of Ritual or Spell _____

Purpose _____

Participants   **Deities Invoked**

| Waxing | Full Moon | Waning |

| Description | Ingredients and Equipment |

| Immediate feelings and effects |

Follow Up

Manifestation Date _____

Results _____

Date _____ **Caster** _____

Name of Ritual or Spell _____

Purpose _____

Participants **Deities Invoked**

Waxing　　　　Full Moon　　　　Waning

Description	Ingredients and Equipment

Immediate feelings and effects

Follow Up

Manifestation Date _____

Results _____

Date _____   **Caster** _____

Name of Ritual or Spell _____

Purpose _____

Participants   **Deities Invoked**

Waxing   Full Moon   Waning

Description

Ingredients and Equipment

Immediate feelings and effects

Follow Up

Manifestation Date _____

Results _____

Date _____   **Caster** _____

Name of Ritual or Spell _____

Purpose _____

Participants   **Deities Invoked**

| Waxing | | | Full Moon | | | Waning |

Description	Ingredients and Equipment

Immediate feelings and effects

Follow Up

Manifestation Date _____

Results _____

Date _____   **Caster** _____

Name of Ritual or Spell _____

Purpose _____

Participants   **Deities Invoked**

           Waxing   Full Moon   Waning

           ● ◐ ◑ ○ ◐ ◐ ●

Description	Ingredients and Equipment

Immediate feelings and effects	

Follow Up

Manifestation Date _____

Results _____

Date _____ **Caster** _____

Name of Ritual or Spell _____

Purpose _____

Participants   **Deities Invoked**

Waxing   Full Moon   Waning

Description	Ingredients and Equipment

Immediate feelings and effects

Follow Up

Manifestation Date _____

Results _____

Date _____   **Caster** _____

Name of Ritual or Spell _____

Purpose _____

Participants   **Deities Invoked**

Waxing   Full Moon   Waning

Description

Ingredients and Equipment

Immediate feelings and effects

Follow Up

Manifestation Date _____

Results _____

Date _____   **Caster** _____

Name of Ritual or Spell _____

Purpose _____

Participants   **Deities Invoked**

| Waxing | | | Full Moon | | | Waning |

Description		Ingredients and Equipment

Immediate feelings and effects

Follow Up

Manifestation Date _____

Results _____

Date _____   **Caster** _____

Name of Ritual or Spell _____

Purpose _____

Participants   **Deities Invoked**

| Waxing | Full Moon | Waning |

| Description | Ingredients and Equipment |

| Immediate feelings and effects | |

Follow Up

Manifestation Date _____

Results _____

Date _____ **Caster** _____

Name of Ritual or Spell _____

Purpose _____

Participants   **Deities Invoked**

Waxing   Full Moon   Waning

Description	Ingredients and Equipment

Immediate feelings and effects

Follow Up

Manifestation Date _____

Results _____

Date _____ **Caster** _____

Name of Ritual or Spell _____

Purpose _____

Participants **Deities Invoked**

Waxing Full Moon Waning

Description	Ingredients and Equipment

Immediate feelings and effects

Follow Up

Manifestation Date _____

Results _____

Date _____   **Caster** _____

Name of Ritual or Spell _____

Purpose _____

Participants   **Deities Invoked**

Waxing	Full Moon	Waning

Description	Ingredients and Equipment

Immediate feelings and effects

Follow Up

Manifestation Date _____

Results _____

Date _____ **Caster** _____

Name of Ritual or Spell _____

Purpose _____

Participants   **Deities Invoked**

Waxing   Full Moon   Waning

Description

Ingredients and Equipment

Immediate feelings and effects

Follow Up

Manifestation Date _____

Results _____

Date _____ **Caster** _____

Name of Ritual or Spell _____

Purpose _____

Participants   **Deities Invoked**

Waxing   Full Moon   Waning

Description	Ingredients and Equipment

Immediate feelings and effects

Follow Up

Manifestation Date _____

Results _____

Date

Caster

Name of Ritual or Spell

Purpose

Participants

Deities Invoked

Waxing　　　　　　Full Moon　　　　　　Waning

Description

Ingredients and Equipment

Immediate feelings and effects

Follow Up

Manifestation Date

Results

Date _____ **Caster** _____

Name of Ritual or Spell _____

Purpose _____

Participants **Deities Invoked**

Waxing Full Moon Waning

Description

Ingredients and Equipment

Immediate feelings and effects

Follow Up

Manifestation Date _____

Results _____

Date _____   **Caster** _____

Name of Ritual or Spell _____

Purpose _____

Participants   **Deities Invoked**

| Waxing | Full Moon | Waning |

Description

Ingredients and Equipment

Immediate feelings and effects

Follow Up

Manifestation Date _____

Results _____

Date _____ **Caster** _____

Name of Ritual or Spell _____

Purpose _____

Participants   **Deities Invoked**

Waxing	Full Moon	Waning

Description

Ingredients and Equipment

Immediate feelings and effects

Follow Up

Manifestation Date _____

Results _____

Date _____ **Caster** _____

Name of Ritual or Spell _____

Purpose _____

Participants　　　　　　　　**Deities Invoked**

　　　　Waxing　　　　　　　Full Moon　　　　　　　Waning

Description

Ingredients and Equipment

Immediate feelings and effects

Follow Up

Manifestation Date _____

Results _____

Date _____   **Caster** _____

Name of Ritual or Spell _____

Purpose _____

Participants   **Deities Invoked**

| Waxing | Full Moon | Waning |

| Description | Ingredients and Equipment |

| Immediate feelings and effects | |

Follow Up

Manifestation Date _____

Results _____

Date _____   **Caster** _____

Name of Ritual or Spell _____

Purpose _____

Participants   **Deities Invoked**

　　　　Waxing　　　　　　　Full Moon　　　　　　　Waning

Description	Ingredients and Equipment

Immediate feelings and effects	

Follow Up

Manifestation Date _____

Results _____

Date _____ **Caster** _____

Name of Ritual or Spell _____

Purpose _____

Participants   **Deities Invoked**

Waxing   Full Moon   Waning

Description	Ingredients and Equipment

Immediate feelings and effects

Follow Up

Manifestation Date _____

Results _____

Date _____   **Caster** _____

Name of Ritual or Spell _____

Purpose _____

Participants   **Deities Invoked**

| Waxing | Full Moon | Waning |

| Description | | Ingredients and Equipment |

| Immediate feelings and effects | | |

Follow Up

Manifestation Date _____

Results _____

Date _____   **Caster** _____

Name of Ritual or Spell _____

Purpose _____

Participants   **Deities Invoked**

| Waxing | Full Moon | Waning |

| Description | Ingredients and Equipment |

| Immediate feelings and effects |

Follow Up

Manifestation Date _____

Results _____

Date _____ **Caster** _____

Name of Ritual or Spell _____

Purpose _____

Participants **Deities Invoked**

Waxing　　　　　Full Moon　　　　　Waning

Description

Ingredients and Equipment

Immediate feelings and effects

Follow Up

Manifestation Date _____

Results _____

Date _____ **Caster** _____

Name of Ritual or Spell _____

Purpose _____

Participants   **Deities Invoked**

| Waxing | Full Moon | Waning |

Description	Ingredients and Equipment

Immediate feelings and effects

Follow Up

Manifestation Date _____

Results _____

Date

Caster

Name of Ritual or Spell

Purpose

Participants

Deities Invoked

Waxing   Full Moon   Waning

Description

Ingredients and Equipment

Immediate feelings and effects

Follow Up

Manifestation Date

Results

Date _____   **Caster** _____

Name of Ritual or Spell _____

Purpose _____

Participants   **Deities Invoked**

| Waxing | Full Moon | Waning |

| Description | Ingredients and Equipment |

| Immediate feelings and effects |

Follow Up

Manifestation Date _____

Results _____

Date _____   **Caster** _____

Name of Ritual or Spell _____

Purpose _____

Participants   **Deities Invoked**

Waxing	Full Moon	Waning

Description

Ingredients and Equipment

Immediate feelings and effects

Follow Up

Manifestation Date _____

Results _____

Date _____   **Caster** _____

Name of Ritual or Spell _____

Purpose _____

Participants   **Deities Invoked**

| Waxing | Full Moon | Waning |

| Description | Ingredients and Equipment |

| Immediate feelings and effects |

Follow Up

Manifestation Date _____

Results _____

Date _____ **Caster** _____

Name of Ritual or Spell _____

Purpose _____

Participants **Deities Invoked**

| Waxing | Full Moon | Waning |

| Description | Ingredients and Equipment |

| Immediate feelings and effects |

Follow Up

Manifestation Date _____

Results _____

Date _____   **Caster** _____

Name of Ritual or Spell _____

Purpose _____

Participants   **Deities Invoked**

| Waxing | Full Moon | Waning |

Description		Ingredients and Equipment

Immediate feelings and effects

Follow Up

Manifestation Date _____

Results _____

Date

Caster

Name of Ritual or Spell

Purpose

Participants **Deities Invoked**

Waxing　　　　　Full Moon　　　　　Waning

Description

Ingredients and Equipment

Immediate feelings and effects

Follow Up

Manifestation Date

Results

Date _____   **Caster** _____

Name of Ritual or Spell _____

Purpose _____

Participants   **Deities Invoked**

| Waxing | Full Moon | Waning |

| Description | Ingredients and Equipment |

| Immediate feelings and effects |

Follow Up

Manifestation Date _____

Results _____

Date

Caster

Name of Ritual or Spell

Purpose

Participants

Deities Invoked

Waxing   Full Moon   Waning

Description

Ingredients and Equipment

Immediate feelings and effects

Follow Up

Manifestation Date

Results

Date _____ **Caster** _____

Name of Ritual or Spell _____

Purpose _____

Participants　　　　　　　　　　　**Deities Invoked**

Waxing	Full Moon	Waning
● ◐ ◑	○	◐ ◑ ●

Description

Ingredients and Equipment

Immediate feelings and effects

Follow Up

Manifestation Date _____

Results _____

Date _____   **Caster** _____

Name of Ritual or Spell _____

Purpose _____

Participants   **Deities Invoked**

Waxing   Full Moon   Waning

Description	Ingredients and Equipment

Immediate feelings and effects

Follow Up

Manifestation Date _____

Results _____

Date

Caster

Name of Ritual or Spell

Purpose

Participants

Deities Invoked

Waxing Full Moon Waning

Description

Ingredients and Equipment

Immediate feelings and effects

Follow Up

Manifestation Date

Results

Date _____   **Caster** _____

Name of Ritual or Spell _____

Purpose _____

Participants   **Deities Invoked**

Waxing   Full Moon   Waning

Description	Ingredients and Equipment

Immediate feelings and effects	

Follow Up

Manifestation Date _____

Results _____

Date _____ **Caster** _____

Name of Ritual or Spell _____

Purpose _____

Participants **Deities Invoked**

| Waxing | Full Moon | Waning |

Description

Ingredients and Equipment

Immediate feelings and effects

Follow Up

Manifestation Date _____

Results _____

Date _____ **Caster** _____

Name of Ritual or Spell _____

Purpose _____

Participants **Deities Invoked**

Waxing　　　　　Full Moon　　　　　Waning

Description	Ingredients and Equipment

Immediate feelings and effects

Follow Up

Manifestation Date _____

Results _____

Date _____   Caster _____

Name of Ritual or Spell _____

Purpose _____

Participants   **Deities Invoked**

| Waxing | | | Full Moon | | | Waning |

Description

Ingredients and Equipment

Immediate feelings and effects

Follow Up

Manifestation Date _____

Results _____

Date

Caster

Name of Ritual or Spell

Purpose

Participants

Deities Invoked

Waxing   Full Moon   Waning

Description

Ingredients and Equipment

Immediate feelings and effects

Follow Up

Manifestation Date

Results

Date

Caster

Name of Ritual or Spell

Purpose

Participants

Deities Invoked

Waxing　　　　　　　　Full Moon　　　　　　　　Waning

Description	Ingredients and Equipment

Immediate feelings and effects

Follow Up

Manifestation Date

Results

Date _____   **Caster** _____

Name of Ritual or Spell _____

Purpose _____

Participants   **Deities Invoked**

| Waxing | Full Moon | Waning |

| Description | Ingredients and Equipment |

| Immediate feelings and effects | |

Follow Up

Manifestation Date _____

Results _____

Date

Caster

Name of Ritual or Spell

Purpose

Participants

Deities Invoked

Waxing Full Moon Waning

Description

Ingredients and Equipment

Immediate feelings and effects

Follow Up

Manifestation Date

Results

Date

Caster

Name of Ritual or Spell

Purpose

Participants

Deities Invoked

Waxing   Full Moon   Waning

Description

Ingredients and Equipment

Immediate feelings and effects

Follow Up

Manifestation Date

Results

Date _____ **Caster** _____

Name of Ritual or Spell _____

Purpose _____

Participants **Deities Invoked**

Waxing   Full Moon   Waning

| Description | Ingredients and Equipment |

| Immediate feelings and effects |

Follow Up

Manifestation Date _____

Results _____

Date _____ **Caster** _____

Name of Ritual or Spell _____

Purpose _____

Participants **Deities Invoked**

Waxing　　　　　Full Moon　　　　　Waning

Description	Ingredients and Equipment

Immediate feelings and effects	

Follow Up

Manifestation Date _____

Results _____

Date _____   **Caster** _____

Name of Ritual or Spell _____

Purpose _____

Participants   **Deities Invoked**

Waxing   Full Moon   Waning

Description	Ingredients and Equipment

Immediate feelings and effects

Follow Up

Manifestation Date _____

Results _____

Date   **Caster**

Name of Ritual or Spell

Purpose

Participants   **Deities Invoked**

Waxing	Full Moon	Waning

Description

Ingredients and Equipment

Immediate feelings and effects

Follow Up

Manifestation Date

Results

Date _____ **Caster** _____

Name of Ritual or Spell _____

Purpose _____

Participants　　　　　　　　　　**Deities Invoked**

Waxing	Full Moon	Waning

Description

Ingredients and Equipment

Immediate feelings and effects

Follow Up

Manifestation Date _____

Results _____

Date

Caster

Name of Ritual or Spell

Purpose

Participants

Deities Invoked

Waxing　　　　　　　Full Moon　　　　　　　Waning

Description

Ingredients and Equipment

Immediate feelings and effects

Follow Up

Manifestation Date

Results

Date _____   **Caster** _____

Name of Ritual or Spell _____

Purpose _____

Participants   **Deities Invoked**

| Waxing | | | Full Moon | | | Waning |

| Description | | Ingredients and Equipment |

| Immediate feelings and effects |

Follow Up

Manifestation Date _____

Results _____

Date

Caster

Name of Ritual or Spell

Purpose

Participants

Deities Invoked

Waxing — Full Moon — Waning

Description

Ingredients and Equipment

Immediate feelings and effects

Follow Up

Manifestation Date

Results

Date _____   **Caster** _____

Name of Ritual or Spell _____

Purpose _____

Participants   **Deities Invoked**

Waxing		Full Moon		Waning	

Description	Ingredients and Equipment

Immediate feelings and effects

Follow Up

Manifestation Date _____

Results _____

Date

Caster

Name of Ritual or Spell

Purpose

Participants

Deities Invoked

Waxing Full Moon Waning

Description

Ingredients and Equipment

Immediate feelings and effects

Follow Up

Manifestation Date

Results

Date _____   **Caster** _____

Name of Ritual or Spell _____

Purpose _____

Participants   **Deities Invoked**

Waxing   Full Moon   Waning

Description	Ingredients and Equipment

Immediate feelings and effects

Follow Up

Manifestation Date _____

Results _____

Date _____ **Caster** _____

Name of Ritual or Spell _____

Purpose _____

Participants   **Deities Invoked**

Waxing   Full Moon   Waning

Description

Ingredients and Equipment

Immediate feelings and effects

Follow Up

Manifestation Date _____

Results _____

Date _____ **Caster** _____

Name of Ritual or Spell _____

Purpose _____

Participants **Deities Invoked**

Waxing Full Moon Waning

Description

Ingredients and Equipment

Immediate feelings and effects

Follow Up

Manifestation Date _____

Results _____

Date _____ **Caster** _____

Name of Ritual or Spell _____

Purpose _____

Participants **Deities Invoked**

Waxing Full Moon Waning

Description

Ingredients and Equipment

Immediate feelings and effects

Follow Up

Manifestation Date _____

Results _____

Date _____   **Caster** _____

Name of Ritual or Spell _____

Purpose _____

Participants   **Deities Invoked**

| Waxing | Full Moon | Waning |

| Description | Ingredients and Equipment |

| Immediate feelings and effects |

Follow Up

Manifestation Date _____

Results _____

Date _____   **Caster** _____

Name of Ritual or Spell _____

Purpose _____

Participants   **Deities Invoked**

Waxing   Full Moon   Waning

Description

Ingredients and Equipment

Immediate feelings and effects

Follow Up

Manifestation Date _____

Results _____

Date _____   **Caster** _____

Name of Ritual or Spell _____

Purpose _____

Participants　　　　　　　　　　**Deities Invoked**

Waxing	Full Moon	Waning
● ◐ ◑	○	◐ ◑ ●

Description

Ingredients and Equipment

Immediate feelings and effects

Follow Up

Manifestation Date _____

Results _____

Date _____   **Caster** _____

Name of Ritual or Spell _____

Purpose _____

Participants   **Deities Invoked**

Waxing   Full Moon   Waning

Description	Ingredients and Equipment

Immediate feelings and effects

Follow Up

Manifestation Date _____

Results _____

Date _____   **Caster** _____

Name of Ritual or Spell _____

Purpose _____

Participants   **Deities Invoked**

| Waxing | Full Moon | Waning |

| Description | Ingredients and Equipment |

| Immediate feelings and effects | |

Follow Up

Manifestation Date _____

Results _____

Date

Caster

Name of Ritual or Spell

Purpose

Participants

Deities Invoked

Waxing — Full Moon — Waning

Description

Ingredients and Equipment

Immediate feelings and effects

Follow Up

Manifestation Date

Results

Date _____ **Caster** _____

Name of Ritual or Spell _____

Purpose _____

Participants **Deities Invoked**

Waxing Full Moon Waning

Description

Ingredients and Equipment

Immediate feelings and effects

Follow Up

Manifestation Date _____

Results _____

Date _____   **Caster** _____

Name of Ritual or Spell _____

Purpose _____

Participants   **Deities Invoked**

Waxing   Full Moon   Waning

Description

Ingredients and Equipment

Immediate feelings and effects

Follow Up

Manifestation Date _____

Results _____

Date _____   **Caster** _____

Name of Ritual or Spell _____

Purpose _____

Participants   **Deities Invoked**

| Waxing | Full Moon | Waning |

| Description | Ingredients and Equipment |

| Immediate feelings and effects |

Follow Up

Manifestation Date _____

Results _____

Date _____   **Caster** _____

Name of Ritual or Spell _____

Purpose _____

Participants   **Deities Invoked**

| Waxing | | | Full Moon | | | Waning |

Description

Ingredients and Equipment

Immediate feelings and effects

Follow Up

Manifestation Date _____

Results _____

Date _____   **Caster** _____

Name of Ritual or Spell _____

Purpose _____

Participants   **Deities Invoked**

| Waxing | Full Moon | Waning |

| Description | Ingredients and Equipment |

| Immediate feelings and effects |

Follow Up

Manifestation Date _____

Results _____

Date _____   **Caster** _____

Name of Ritual or Spell _____

Purpose _____

Participants   **Deities Invoked**

Waxing   Full Moon   Waning

Description

Ingredients and Equipment

Immediate feelings and effects

Follow Up

Manifestation Date _____

Results _____

Date _____   **Caster** _____

Name of Ritual or Spell _____

Purpose _____

Participants   **Deities Invoked**

Waxing	Full Moon	Waning

Description	Ingredients and Equipment

| Immediate feelings and effects | |

Follow Up

Manifestation Date _____

Results _____

Date

Caster

Name of Ritual or Spell

Purpose

Participants　　　　　　　　**Deities Invoked**

Waxing　　　　　　Full Moon　　　　　　Waning

Description

Ingredients and Equipment

Immediate feelings and effects

Follow Up

Manifestation Date

Results

Date _____ **Caster** _____

Name of Ritual or Spell _____

Purpose _____

Participants   **Deities Invoked**

Waxing   Full Moon   Waning

Description	Ingredients and Equipment

Immediate feelings and effects

Follow Up

Manifestation Date _____

Results _____

Date _____ **Caster** _____

Name of Ritual or Spell _____

Purpose _____

Participants　　　　　　　　**Deities Invoked**

　　　　Waxing　　　　　　Full Moon　　　　　　Waning

Description

Ingredients and Equipment

Immediate feelings and effects

Follow Up

Manifestation Date _____

Results _____

Date

Caster

Name of Ritual or Spell

Purpose

Participants

Deities Invoked

Waxing　　　　　　　Full Moon　　　　　　　Waning

Description

Ingredients and Equipment

Immediate feelings and effects

Follow Up

Manifestation Date

Results

Date _____   **Caster** _____

Name of Ritual or Spell _____

Purpose _____

Participants   **Deities Invoked**

Waxing   Full Moon   Waning

Description

Ingredients and Equipment

Immediate feelings and effects

Follow Up

Manifestation Date _____

Results _____

Date _____   **Caster** _____

Name of Ritual or Spell _____

Purpose _____

Participants   **Deities Invoked**

Waxing   Full Moon   Waning

Description

Ingredients and Equipment

Immediate feelings and effects

Follow Up

Manifestation Date _____

Results _____

Date

Caster

Name of Ritual or Spell

Purpose

Participants

Deities Invoked

Waxing　　　　　　　Full Moon　　　　　　　Waning

Description

Ingredients and Equipment

Immediate feelings and effects

Follow Up

Manifestation Date

Results

Date _____   **Caster** _____

Name of Ritual or Spell _____

Purpose _____

Participants   **Deities Invoked**

| Waxing | Full Moon | Waning |

| Description | Ingredients and Equipment |

| Immediate feelings and effects |

Follow Up

Manifestation Date _____

Results _____

Date

Caster

Name of Ritual or Spell

Purpose

Participants

Deities Invoked

Waxing Full Moon Waning

Description

Ingredients and Equipment

Immediate feelings and effects

Follow Up

Manifestation Date

Results

Date _____   **Caster** _____

Name of Ritual or Spell _____

Purpose _____

Participants   **Deities Invoked**

| Waxing | Full Moon | Waning |

Description

Ingredients and Equipment

Immediate feelings and effects

Follow Up

Manifestation Date _____

Results _____

Date _____   **Caster** _____

Name of Ritual or Spell _____

Purpose _____

Participants   **Deities Invoked**

Waxing   Full Moon   Waning

Description	Ingredients and Equipment

Immediate feelings and effects	

Follow Up

Manifestation Date _____

Results _____

Date _____   **Caster** _____

Name of Ritual or Spell _____

Purpose _____

Participants   **Deities Invoked**

Waxing   Full Moon   Waning

Description	Ingredients and Equipment

Immediate feelings and effects

Follow Up

Manifestation Date _____

Results _____

Date _____   **Caster** _____

Name of Ritual or Spell _____

Purpose _____

Participants　　　　　　　　　**Deities Invoked**

Waxing	Full Moon	Waning

Description

Ingredients and Equipment

Immediate feelings and effects

Follow Up

Manifestation Date _____

Results _____

Date _____ **Caster** _____

Name of Ritual or Spell _____

Purpose _____

Participants **Deities Invoked**

Waxing Full Moon Waning

Description

Ingredients and Equipment

Immediate feelings and effects

Follow Up

Manifestation Date _____

Results _____

Date

Caster

Name of Ritual or Spell

Purpose

Participants

Deities Invoked

Waxing   Full Moon   Waning

Description

Ingredients and Equipment

Immediate feelings and effects

Follow Up

Manifestation Date

Results

Date _____   **Caster** _____

Name of Ritual or Spell _____

Purpose _____

Participants   **Deities Invoked**

Waxing	Full Moon	Waning

Description	Ingredients and Equipment

Immediate feelings and effects	

Follow Up

Manifestation Date _____

Results _____

Date _____   **Caster** _____

Name of Ritual or Spell _____

Purpose _____

Participants   **Deities Invoked**

Waxing   Full Moon   Waning

Description	Ingredients and Equipment

Immediate feelings and effects	

Follow Up

Manifestation Date _____

Results _____

Date _____   **Caster** _____

Name of Ritual or Spell _____

Purpose _____

Participants   **Deities Invoked**

Waxing   Full Moon   Waning

Description	Ingredients and Equipment

Immediate feelings and effects

Follow Up

Manifestation Date _____

Results _____

Date _____   **Caster** _____

Name of Ritual or Spell _____

Purpose _____

Participants   **Deities Invoked**

Waxing   Full Moon   Waning

Description

Ingredients and Equipment

Immediate feelings and effects

Follow Up

Manifestation Date _____

Results _____

Date _____ **Caster** _____

Name of Ritual or Spell _____

Purpose _____

Participants　　　　　　　　　　　**Deities Invoked**

　　　　Waxing　　　　　　　　Full Moon　　　　　　　　Waning

Description	Ingredients and Equipment

Immediate feelings and effects	

Follow Up

Manifestation Date _____

Results _____

Date _____   **Caster** _____

Name of Ritual or Spell _____

Purpose _____

Participants   **Deities Invoked**

| Waxing | Full Moon | Waning |

Description

Ingredients and Equipment

Immediate feelings and effects

Follow Up

Manifestation Date _____

Results _____

Date _____   **Caster** _____

Name of Ritual or Spell _____

Purpose _____

Participants   **Deities Invoked**

Waxing	Full Moon	Waning

Description	Ingredients and Equipment

Immediate feelings and effects	

Follow Up

Manifestation Date _____

Results _____

Date

Caster

Name of Ritual or Spell

Purpose

Participants

Deities Invoked

Waxing   Full Moon   Waning

Description

Ingredients and Equipment

Immediate feelings and effects

Follow Up

Manifestation Date

Results

Date _____   **Caster** _____

Name of Ritual or Spell _____

Purpose _____

Participants   **Deities Invoked**

| Waxing | Full Moon | Waning |

| Description | Ingredients and Equipment |

| Immediate feelings and effects |

Follow Up

Manifestation Date _____

Results _____

Date

Caster

Name of Ritual or Spell

Purpose

Participants

Deities Invoked

Waxing   Full Moon   Waning

Description

Ingredients and Equipment

Immediate feelings and effects

Follow Up

Manifestation Date

Results

Date

Caster

Name of Ritual or Spell

Purpose

Participants

Deities Invoked

Waxing　　　　　　　　Full Moon　　　　　　　　Waning

Description

Ingredients and Equipment

Immediate feelings and effects

Follow Up

Manifestation Date

Results

Date _____   **Caster** _____

Name of Ritual or Spell _____

Purpose _____

Participants   **Deities Invoked**

| Waxing | | | Full Moon | | | Waning |

Description

Ingredients and Equipment

Immediate feelings and effects

Follow Up

Manifestation Date _____

Results _____

Date _____ **Caster** _____

Name of Ritual or Spell _____

Purpose _____

Participants   **Deities Invoked**

| Waxing | Full Moon | Waning |

Description

Ingredients and Equipment

Immediate feelings and effects

Follow Up

Manifestation Date _____

Results _____

Date _____   **Caster** _____

Name of Ritual or Spell _____

Purpose _____

Participants   **Deities Invoked**

Waxing	Full Moon	Waning

Description	Ingredients and Equipment

Immediate feelings and effects	

Follow Up

Manifestation Date _____

Results _____

Date

Caster

Name of Ritual or Spell

Purpose

Participants

Deities Invoked

Waxing   Full Moon   Waning

Description

Ingredients and Equipment

Immediate feelings and effects

Follow Up

Manifestation Date

Results

Date

Caster

Name of Ritual or Spell

Purpose

Participants

Deities Invoked

Waxing　　　　　Full Moon　　　　　Waning

Description

Ingredients and Equipment

Immediate feelings and effects

Follow Up

Manifestation Date

Results

Date _____   **Caster** _____

Name of Ritual or Spell _____

Purpose _____

Participants   **Deities Invoked**

| Waxing | | | Full Moon | | | Waning |

| Description | | Ingredients and Equipment |

| Immediate feelings and effects |

Follow Up

Manifestation Date _____

Results _____

Date

Caster

Name of Ritual or Spell

Purpose

Participants   **Deities Invoked**

Waxing   Full Moon   Waning

Description

Ingredients and Equipment

Immediate feelings and effects

Follow Up

Manifestation Date

Results

Date _____   **Caster** _____

Name of Ritual or Spell _____

Purpose _____

Participants   **Deities Invoked**

Waxing   Full Moon   Waning

Description	Ingredients and Equipment

Immediate feelings and effects

Follow Up

Manifestation Date _____

Results _____

Date _____   **Caster** _____

Name of Ritual or Spell _____

Purpose _____

Participants   **Deities Invoked**

Waxing   Full Moon   Waning

Description

Ingredients and Equipment

Immediate feelings and effects

Follow Up

Manifestation Date _____

Results _____

Date _____ **Caster** _____

Name of Ritual or Spell _____

Purpose _____

Participants   **Deities Invoked**

| Waxing | Full Moon | Waning |

| Description | Ingredients and Equipment |

| Immediate feelings and effects |

Follow Up

Manifestation Date _____

Results _____

Date _____   **Caster** _____

Name of Ritual or Spell _____

Purpose _____

Participants   **Deities Invoked**

Waxing   Full Moon   Waning

Description

Ingredients and Equipment

Immediate feelings and effects

Follow Up

Manifestation Date _____

Results _____

Date _____   **Caster** _____

Name of Ritual or Spell _____

Purpose _____

Participants   **Deities Invoked**

| Waxing | Full Moon | Waning |

Description

Ingredients and Equipment

Immediate feelings and effects

Follow Up

Manifestation Date _____

Results _____

Date _____   **Caster** _____

Name of Ritual or Spell _____

Purpose _____

Participants   **Deities Invoked**

Waxing   Full Moon   Waning

Description

Ingredients and Equipment

Immediate feelings and effects

Follow Up

Manifestation Date _____

Results _____

Date _____ **Caster** _____

Name of Ritual or Spell _____

Purpose _____

Participants **Deities Invoked**

| Waxing | Full Moon | Waning |

Description

Ingredients and Equipment

Immediate feelings and effects

Follow Up

Manifestation Date _____

Results _____

Date _____   **Caster** _____

Name of Ritual or Spell _____

Purpose _____

Participants　　　　　　　　　　**Deities Invoked**

Waxing　　　　　　　Full Moon　　　　　　　Waning

Description	Ingredients and Equipment

Immediate feelings and effects	

Follow Up

Manifestation Date _____

Results _____

Date _____   **Caster** _____

Name of Ritual or Spell _____

Purpose _____

Participants   **Deities Invoked**

| Waxing | Full Moon | Waning |

| Description | | Ingredients and Equipment |

| Immediate feelings and effects |

Follow Up

Manifestation Date _____

Results _____

Date _____   **Caster** _____

Name of Ritual or Spell _____

Purpose _____

Participants   **Deities Invoked**

Waxing	Full Moon	Waning

Description

Ingredients and Equipment

Immediate feelings and effects

Follow Up

Manifestation Date _____

Results _____

Date

Caster

Name of Ritual or Spell

Purpose

Participants

Deities Invoked

Waxing　　　　　Full Moon　　　　　Waning

Description

Ingredients and Equipment

Immediate feelings and effects

Follow Up

Manifestation Date

Results

Date _____ **Caster** _____

Name of Ritual or Spell _____

Purpose _____

Participants **Deities Invoked**

Waxing Full Moon Waning

Description

Ingredients and Equipment

Immediate feelings and effects

Follow Up

Manifestation Date _____

Results _____

Date

Caster

Name of Ritual or Spell

Purpose

Participants

Deities Invoked

Waxing　　　　　　　Full Moon　　　　　　　Waning

Description

Ingredients and Equipment

Immediate feelings and effects

Follow Up

Manifestation Date

Results

Date _____   **Caster** _____

Name of Ritual or Spell _____

Purpose _____

Participants   **Deities Invoked**

Waxing   Full Moon   Waning

Description	Ingredients and Equipment

Immediate feelings and effects	

Follow Up

Manifestation Date _____

Results _____

Date _____   **Caster** _____

Name of Ritual or Spell _____

Purpose _____

Participants   **Deities Invoked**

Waxing	Full Moon	Waning

Description	Ingredients and Equipment

Immediate feelings and effects	

Follow Up

Manifestation Date _____

Results _____

Date _____   **Caster** _____

Name of Ritual or Spell _____

Purpose _____

Participants   **Deities Invoked**

Waxing   Full Moon   Waning

Description

Ingredients and Equipment

Immediate feelings and effects

Follow Up

Manifestation Date _____

Results _____

Date _____ **Caster** _____

Name of Ritual or Spell _____

Purpose _____

Participants **Deities Invoked**

Waxing	Full Moon	Waning

Description

Ingredients and Equipment

Immediate feelings and effects

Follow Up

Manifestation Date _____

Results _____

Date _____   **Caster** _____

Name of Ritual or Spell _____

Purpose _____

Participants   **Deities Invoked**

| Waxing | Full Moon | Waning |

| Description | Ingredients and Equipment |

| Immediate feelings and effects |

Follow Up

Manifestation Date _____

Results _____

Date _____   **Caster** _____

Name of Ritual or Spell _____

Purpose _____

Participants   **Deities Invoked**

Waxing	Full Moon	Waning

Description	Ingredients and Equipment

Immediate feelings and effects

Follow Up

Manifestation Date _____

Results _____

Date _____   **Caster** _____

Name of Ritual or Spell _____

Purpose _____

Participants   **Deities Invoked**

Waxing   Full Moon   Waning

Description

Ingredients and Equipment

Immediate feelings and effects

Follow Up

Manifestation Date _____

Results _____

Date _____ **Caster** _____

Name of Ritual or Spell _____

Purpose _____

Participants　　　　　　　　　　　**Deities Invoked**

Waxing	Full Moon	Waning

Description

Ingredients and Equipment

Immediate feelings and effects

Follow Up

Manifestation Date _____

Results _____

Date _____   **Caster** _____

Name of Ritual or Spell _____

Purpose _____

Participants   **Deities Invoked**

Waxing   Full Moon   Waning

Description

Ingredients and Equipment

Immediate feelings and effects

Follow Up

Manifestation Date _____

Results _____

Date _____   **Caster** _____

Name of Ritual or Spell _____

Purpose _____

Participants   **Deities Invoked**

| Waxing | Full Moon | Waning |

Description

Ingredients and Equipment

Immediate feelings and effects

Follow Up

Manifestation Date _____

Results _____

Date _____   **Caster** _____

Name of Ritual or Spell _____

Purpose _____

Participants   **Deities Invoked**

Waxing	Full Moon	Waning

Description

Ingredients and Equipment

Immediate feelings and effects

Follow Up

Manifestation Date _____

Results _____

Date _____ **Caster** _____

Name of Ritual or Spell _____

Purpose _____

Participants **Deities Invoked**

| Waxing | Full Moon | Waning |

| Description | Ingredients and Equipment |

| Immediate feelings and effects |

Follow Up

Manifestation Date _____

Results _____

Date _____ **Caster** _____

Name of Ritual or Spell _____

Purpose _____

Participants   **Deities Invoked**

Waxing   Full Moon   Waning

Description

Ingredients and Equipment

Immediate feelings and effects

Follow Up

Manifestation Date _____

Results _____

Date

Caster

Name of Ritual or Spell

Purpose

Participants

Deities Invoked

Waxing　　　　　　　　Full Moon　　　　　　　　Waning

Description

Ingredients and Equipment

Immediate feelings and effects

Follow Up

Manifestation Date

Results

Date　　　　　　　　　　　　　　　**Caster**

Name of Ritual or Spell

Purpose

Participants　　　　　　　　　**Deities Invoked**

　　　　Waxing　　　　　　　　　Full Moon　　　　　　　　　Waning

Description　　　　　　　　　　　　　　　　　　　Ingredients and Equipment

Immediate feelings and effects

Follow Up

Manifestation Date

　　　Results

Date _____   **Caster** _____

Name of Ritual or Spell _____

Purpose _____

Participants   **Deities Invoked**

| Waxing | Full Moon | Waning |
| ● ◐ ◐ | ○ | ◑ ◑ ● |

Description	Ingredients and Equipment

Immediate feelings and effects

Follow Up

Manifestation Date _____

Results _____

Made in the USA
Monee, IL
30 January 2022